Este libro pertenece a

_____

Título original: *The Queen In My Eyes Is Mommy*
Michelle Knight

© 2023 Michelle Knight por la presente edición
Todos los derechos reservados

Este libro es una obra de ficción. Los nombres, lugares, negocios, eventos e incidentes son producto de la imaginación de la autora o fueron utilizados de manera ficticia. Cualquier parecido con personas reales, vivas o muertas, es pura coincidencia. Queda rigurosamente prohibida la reproducción total o parcial de este libro, así como su uso, almacenamiento y transmisión por cualquier medio o procedimiento, sea este electrónico o mecánico, fotocopiado, grabación, o cualquier otro, sin el permiso expreso y por escrito del titular de los derechos de autor, salvo lo dispuesto por la ley de derechos de autor de los Estados Unidos de América, o en el caso de citas breves incorporadas en artículos críticos y reseñas literarias.

Ilustrado por: Komal Ljaz

1.ª edición en lengua española: 2023

Impreso en los Estados Unidos de América

ISBN:
Tapa blanda: 978-1-956911-22-0
Tapa dura: 978-1-956911-21-3

Para mí, la Reina es Mami
Por Michelle Knight
Ilustrado por Komal Ljaz

Mi mamá es una reina.
¿Cómo lo sé?
Vi su corona dentro de su cartera,
y resplandecía.

Supe que era especial cuando me ayudó
con mi tarea, que no siempre entiendo.
Cuando se trata de matemáticas,
mi mamá logra dar con la respuesta
como solo ella puede hacerlo.

Nunca deja que me rinda
cuando me siento triste.
Siempre me enseñó a no dejar que
nadie me desarregle la corona.

Aun cuando mi mami está cansada de trabajar todo el día, ella llena mi pancita de comida y encuentra tiempo para jugar.

Mamá dice:
«¡Es hora de dormir! Cepíllate los dientes».
Quiere asegurarse de que no haya
monstruos de caries en mi boca y
de que duerma lo suficiente.

Antes de arroparme, reza conmigo, y entonces estoy lista para dormir. Pero primero, mi mami revisa bajo mi cama para darme mayor tranquilidad. «¡No, no hay monstruos!», asevera.

Es una reina con poderes cuando
intenta mantenerme a salvo.
¡Aléjense, abejotas del verano!
¡Aquí viene la reina con el spray!
Por favor, hoy no me molesten.

Cuando hago deporte,
ella siempre tuerce por mí.
Gane o pierda, y hasta cuando me caigo,
mi mamá, la reina, es la que
siempre grita más fuerte.

Mi mami, la reina, me premia con mi merienda favorita cuando he hecho algo bueno como limpiar mi habitación, hacer mi tarea o guardar mis juguetes.

Cuando me lastimo, ella besa y venda mis raspones. Luego me agarra de las manos para que bailemos. ¡Cómo nos reímos!

Mi mami me hace sentir adorada y querida.
Siempre me enseña cosas que necesitaré saber cuando sea mayor.
Soy bella. Soy amada. Soy fuerte.
Me dice eso y otro montón de cosas buenas.

Sin lugar a dudas, mi mami es la mejor reina.
Ahora es tu turno de compartir
conmigo cómo tu mamá es tu reina.

¿Qué es lo que más te gusta de tu mamá?

Escríbelo abajo y díselo.

_____

_____

_____

_____

_____

_____

_____

Haz un dibujo de ti y de tu mamá.
Sé un artista. Luego enséñale tu obra de arte.

Coloca una foto tuya y de tu mamá.
Usa cinta adhesiva o pegamento.

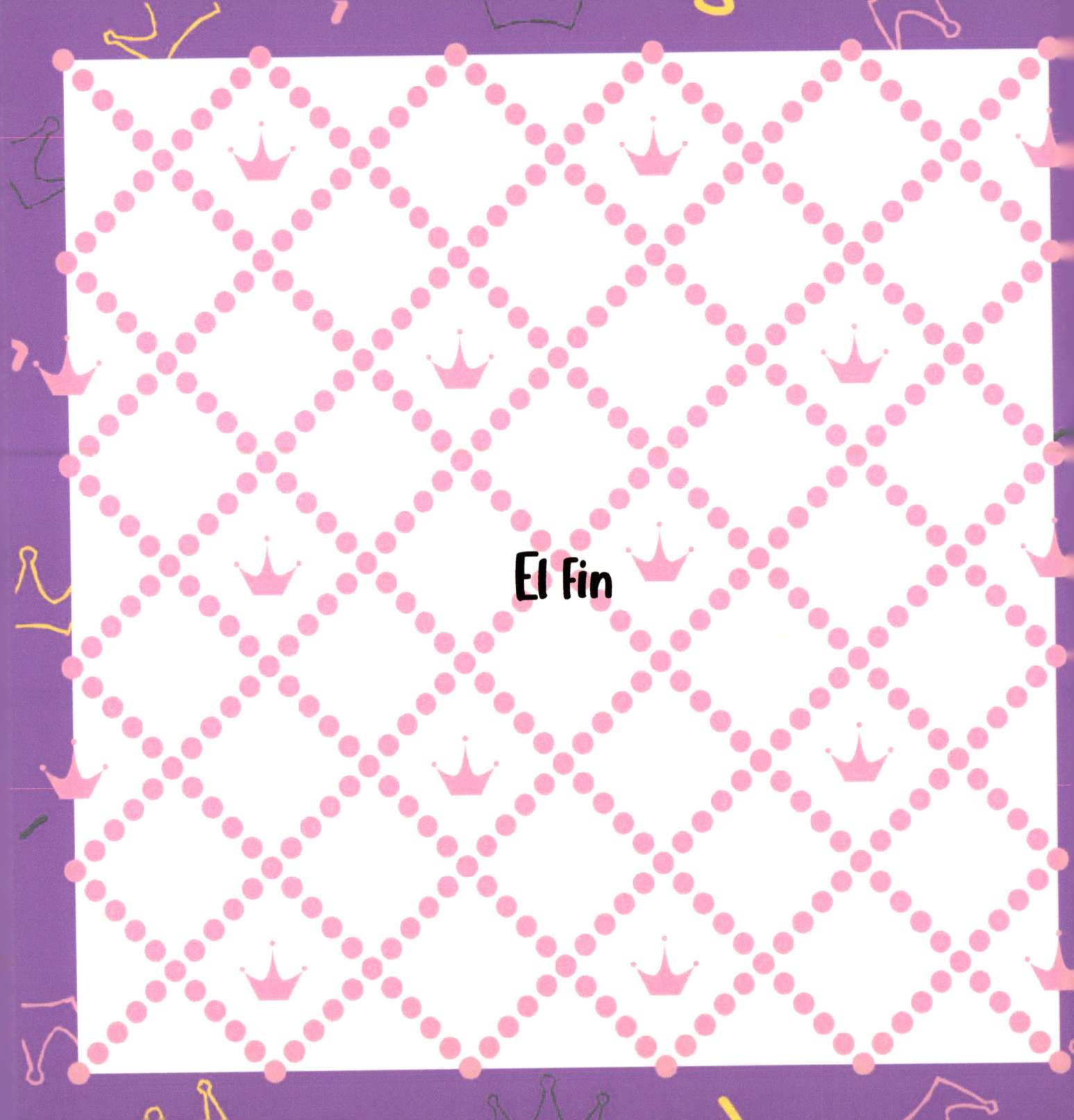
El Fin